I0074789

BIBLIOTHÈQUE

du

SAPEUR-POMPIER DE PICARDIE

ÉDITÉE SOUS LES AUSPICES DE

L'UNION AMICALE MUTUALISTE

des

SAPEURS-POMPIERS

Du Département de la Somme.

PRIX : **0 fr. 40** franco par la Poste.

AMIENS
IMPRIMERIE A. GRAU
21, Rue des Augustins

1910

BIBLIOTHÈQUE

du

SAPEUR-POMPIER DE PICARDIE

ÉDITÉE SOUS LES AUSPICES DE

L'UNION AMICALE MUTUALISTE

des

SAPEURS-POMPIERS

Du Département de la Somme.

———

PRIX : **0 fr. 40** franco par la Poste.

AMIENS

IMPRIMERIE A. GRAU

21, Rue des Augustins

—

1910

SOMMAIRE

PRÉFACE

Cette bibliothèque est née d'une nécessité, celle d'instruire les Officiers de Sapeurs-Pompiers, aussi bien pour la conduite de leurs hommes que sur leurs droits.

L'histoire de la plupart de nos camarades peut s'écrire en quelques lignes.

Le Maire, quelques amis, leur ont demandé, à la suite d'une disparition, ou lors de l'organisation du Corps, de se charger de la direction.

Ayant accepté par dévouement, à moins que ce ne soit pour faire plaisir, ils ont été nommés par le Président de la République, sur la proposition du Préfet, et les voilà officiers.

A part la notification de leur nomination, ils n'ont rien reçu, ni un mot sur la constitution d'une Compagnie de Sapeurs-Pompiers, ni une ligne de théorie indiquant par quel bout il faut prendre la pompe afin de la manœuvrer.

Ils ont donc mis la machine en marche, du

mieux ou du moins mal qu'ils ont pu, et cela
va cahin caha, non sans susciter des re-
marques peu obligeantes de la part même de
ceux qui ont tout juste le droit de se taire,
n'ayant rien fait de ce qui leur appartient pour
que cela soit autrement.

C'est à cet état de choses que la Bibliothèque
du Sapeur-Pompier de Picardie se propose
d'apporter un remède, à défaut de l'Inspecteur
départemental qui n'est nulle part plus indis-
pensable qu'en notre département, le troisième
de France par ses 500 Compagnies ou Subdivisions formant un effectif de 10.500 Officiers,
Sous-officiers, Caporaux et Sapeurs, qui n'auraient aucun guide, sans notre vaillant petit
journal s'efforçant de faire face à tous les besoins
d'un des premiers services publics, la sécurité
des citoyens et de leurs biens.

Le décret inséré dans cette première édition,
est celui du 10 novembre 1903 constituant la
charte des Sapeurs-Pompiers communaux. Il
définit le rôle du chef de Corps placé sous le
contrôle *administratif* du Maire, en lui confé-
rant les pouvoirs et la responsabilité du commandement, avec l'adjonction d'un Conseil

d'administration exclusivement composé de gradés et de Sapeurs, constituant en outre le Conseil de discipline.

Le modèle de règlement de service qui suit, une fois approprié aux usages, aux habitudes de la Compagnie ou Subdivision, par l'Officier chef de Corps, qui le soumet à la signature du Maire, est envoyé par les soins de ce dernier à l'approbation du Préfet.

Dès que l'autorité préfectorale lui a donné la sanction, ce règlement de service vient renforcer encore l'initiative de l'Officier commandant, libre de se mouvoir sur le terrain d'action que lui ouvrent les deux documents : décret et règlement.

Enfin, le canevas des statuts d'une société de tir de Sapeurs-Pompiers, termine cet ensemble.

Je ne saurais trop répéter ce que j'ai dit à chacune de mes conférences de canton : « il va de l'intérêt général de l'arme, de la corporation si l'on veut, qu'un grand nombre de sociétés de tir de Sapeurs-Pompiers soient créées, afin de ne point laisser prise à ceux clamant à chaque instant, que l'abusive exemption pour les Sapeurs-Pompiers, de la période d'instruction des territoriaux, constitue un danger qui atteindrait nos forces militaires en cas de guerre, parceque des milliers et des milliers de nos hommes reviendront dans les régiments, ayant perdu tout contact avec l'armée depuis trop longtemps.

Il est aisé de comprendre que ceux qui parlent ainsi du contact annihilé par le temps, ne veulent point faire allusion au maniement d'armes, quantité négligeable en pareille occurrence.

Ils ne visent pas non plus la discipline maintenue chez nous par des exercices mensuels.

Non, ce qu'il importe c'est de conserver l'habitude du fusil de guerre, pour loger sa balle au bon endroit, au cas où un ennemi de notre pays viendrait nous forcer à nous défendre, car nous n'attaquons personne, tout en étant prêt à riposter à qui nous marcherait sur le pied.

Les adversaires de l'exemption accordée à nos Sapeurs, n'auraient donc rien à dire, si chaque Corps avait sa société de tir, et la réalisation de cette excellente création à plus d'un titre, est d'autant moins difficile que l'Etat nous donne, sans qu'il en coûte un rouge liard, des fusils d'abord et des munitions ensuite.

Cet exposé doit suffire pour démontrer l'utilité de la bibliothèque inaugurée aujourd'hui.

Que chaque gradé quel qu'il soit, en fasse son profit et plus particulièrement les Officiers devant tout connaître, tout savoir, pour devenir s'ils ne le sont déjà, de véritables conducteurs d'hommes.

HESSE, ✳, 🏅, 🎖 ,

Chef de Bataillon de Sapeurs-Pompiers,
*Président de l'*Union Mutualiste des Sapeurs-Pompiers
de la Somme,
Rédacteur en Chef du Sapeur-Pompier de Picardie.

DÉCRET

(modifié)

du 10 Novembre 1903.

Le Président de la République française,

Sur le rapport du Président du Conseil, Ministre de l'Intérieur et des Cultes, et du Ministre de la Guerre,

Vu la loi du 25 août 1871, portant qu'il sera pourvu par un règlement d'administration publique à l'organisation générale des corps de sapeurs-pompiers, et le décret du 29 décembre 1875, rendu en exécution de cette loi ;

Vu la loi du 5 avril 1851 sur les secours et pensions à accorder aux sapeurs-pompiers ;

Vu la loi du 15 juillet 1889 sur le recrutement de l'armée complétée par celle du 7 avril 1902 ;

Vu la loi du 24 juillet 1874 sur l'organisation générale de l'armée ;

Vu les lois des 16 février 1900 et 31 mars 1903 (art. 65) sur la concession de diplômes et de médailles d'honneur aux sapeurs-pompiers ;

Vu le décret du 4 octobre 1891 sur le service dans les places de guerre et les villes ouvertes ;

Le Conseil d'Etat entendu,

DÉCRÈTE :

TITRE Ier.

Dispositions générales.

ARTICLE PREMIER. — Les corps de sapeurs-pompiers sont spécialement chargés du service des secours contre les incendies.

Ils peuvent être appelés, en cas de sinistre autre que l'incendie, à concourir à un service d'ordre ou de sauvetage et, exceptionnellement, à fournir des escortes dans les cérémonies publiques.

ART. 2. — Les corps de sapeurs-pompiers, même lorsqu'ils ont reçu des armes de l'Etat, relèvent du Ministre de l'Intérieur.

Toutefois, ils ne peuvent prendre les armes qu'avec l'autorisation soit du général commandant le corps d'armée, si la réunion doit avoir lieu dans les limites de ce commandement, soit du Ministre de la Guerre, si elle doit avoir lieu en dehors.

ART. 3. — Ils sont organisés par communes, en vertu d'arrêtés préfectoraux, après justification par celles-ci qu'elles possèdent un matériel de secours suffisant ou qu'elles sont en mesure de l'acquérir, et l'engagement pris par elles, à défaut de ressources annuelles ayant cette affectation spéciale, de subvenir, pendant quinze années au moins, aux dépenses énumérées à l'article 36 ci-après.

Ces arrêtés fixent l'effectif des corps d'après la population et l'importance du matériel de secours en service dans la commune ou dont l'acquisition est assurée dans les conditions ci-dessus indiquées.

Exceptionnellement, un service commun de secours contre l'incendie peut être constitué entre deux ou plusieurs communes d'un même département ou de départements limitrophes après accord des conseils municipaux tant sur la part contributive de chaque commune dans l'acquittement des dépenses prévues à l'article 36 que sur la désignation de la municipalité à laquelle sera rattaché le corps de sapeurs-pompiers.

L'arrêté portant organisation du corps et fixation de son effectif est pris, s'il s'agit de communes situées hors du département, par le Ministre de l'Intérieur.

ART. 4. — Les corps de sapeurs-pompiers sont dissous par décret du Président de la République.

Ce décret arrête les dispositions nécessaires pour assurer le service jusqu'à la réorganisation, qui doit avoir lieu dans les trois mois.

TITRE II.

Recrutement et Organisation.

ART. 5. — Les officiers sont nommés pour cinq ans par le Président de la République sur la proposition du Préfet.

Ils peuvent être choisis parmi les personnes étrangères au corps.

Ils peuvent être suspeudus par le Préfet et révoqués par décret. La suspension ne peut pas excéder six mois.

ART. 6. — Les sous-officiers et caporaux sont nommés par le chef de corps.

Ils peuvent être soit exclus temporairement, soit définitivement rayés des contrôles par application des articles 28 et 29 ci-après.

ART. 7. — Les corps de sapeurs-pompiers se recrutent au moyen d'engagements volontaires.

L'engagement est d'une durée de cinq ans et renouvelable.

Il est constaté par écrit.

Il emporte soumission à toutes les obligations résultant tant des lois et décrets que du règlement de service tel qu'il sera arrêté en exécution de l'article 22 ci-après.

Il est suspendu, chaque fois que le sapeur-pompier est appelé sous les drapeaux, pendant toute la durée de son service militaire effectif.

Art. 8. — Ne peuvent être admis à contracter cet engagement que les Français âgés de dix-huit ans au moins, jouissant de leurs droits civils et n'ayant subi aucune condamnation de nature à faire obstacle à la réception de l'engagement volontaire dans un corps de troupes de France. Si l'engagé a moins de vingt et un ans, il doit être pourvu du consentement de ses père, mère ou tuteur.

Art. 9. — Le service des sapeurs-pompiers est incompatible avec les fonctions de maire et d'adjoint.

Art. 10. — L'admission est prononcée :

S'il s'agit de corps à créer ou à réorganiser, par une commission composée du maire ou de son adjoint, président, de deux membres du Conseil municipal nommés par le Conseil et de quatre délégués choisis par le Préfet.

En cas de partage, la voix du président est prépondérante.

S'il s'agit de corps déjà constitués, par le Conseil d'administration composé conformément à l'article 21 ci-après.

Art. 11. — Les décisions des Conseils d'administration, portant rejet de demandes de rengagement formées par des sapeurs-pompiers ayant déjà servi pendant cinq ans en cette qualité, doivent être motivées et notifiées aux intéressés.

Art. 12. — Les Conseils d'administration statuent sur les demandes de résiliation des engagements en cours.

Art. 13. — Aucune décision, dans les hypothèses prévues aux deux articles précédents, n'est valable qu'autant qu'elle a été prise dans les conditions de majorité et suivant les formes prescrites aux articles 21 et 31 du présent règlement.

Art. 14. — Tout sapeur-pompier qui se retire avant l'expiration de son engagement sans avoir obtenu sa libération anticipée conformément à l'article 12, ou qui est rayé des contrôles par mesure disciplinaire, perd ses droits aux avantages pécuniaires auxquels il pouvait prétendre, réserve faite des droits à pension acquis dans les conditions prévues à l'article 37 ci-après.

Art. 15. — Sont exclus des corps de sapeurs-pompiers les individus privés par jugement de

tout ou partie de leurs droits civils postérieurement à leur incorporation.

ART. 16. — Les sapeurs-pompiers d'une commune forment, suivant l'effectif, une subdivision
de compagnie, une compagnie ou un bataillon.

Tout corps dont l'effectif, cadre compris, est
inférieur à 51 hommes, forme une subdivision de
compagnie.

Les compagnies sont de 51 hommes au moins,
de 250 au plus.

Lorsque l'effectif dépasse 250 hommes, il peut,
avec l'autorisation du Ministre de l'Intérieur, être
formé un bataillon.

Dans aucun cas, la force numérique d'un
bataillon ne peut dépasser 500 hommes.

ART. 17. — Les cadres des divers corps sont
réglés de la manière suivante quant au nombre
et aux grades des officiers, sous-officiers et
caporaux.

Cadre d'une subdivision.

GRADES	NOMBRE TOTAL D'HOMMES.		
	de 14 à 25	de 26 à 40	de 41 à 50
Lieutenant.	»	1	1
Sous-lieutenant.	1	1	1
Sergents.	1	2	2
Caporaux	2	4	4
Tambours ou clairons . .	1	1	2

Toutefois, dans les subdivisions qui ne comportent qu'un sous-lieutenant d'après leur effectif, le grade de lieutenant pourra être conféré à l'officier commandant après cinq années passées dans le grade inférieur.

Cadre d'une compagnie.

GRADES	NOMBRE TOTAL D'HOMMES.		
	De 51 à 100	De 101 à 150	De 151 à 250
Capitaine en premier. . .	1	1	1
Capitaine en second . . .	»	»	1
Lieutenants	1	1	2
Sous-lieutenants	1	2	2
Adjudant.	1	1	1
Sergent-major	1	1	1
Sergent-fourrier	1	1	1
Sergents.	4	6	8
Caporaux	8	12	16
Tambours ou clairons . .	2	4	6

La composition de l'état-major du bataillon est déterminée par arrêté ministériel.

Le service de santé est assuré dans chaque compagnie et dans chaque subdivision par un médecin qui reçoit le grade de médecin-major de 2e classe, soit d'aide-major de 1re ou de 2e classe.

La promotion au grade supérieur ne peut être prononcée qu'après cinq années passées dans la classe inférieure.

Art. 18. — Par dérogation aux dispositions qui précèdent, les officiers de sapeurs-pompiers titulaires d'un grade dans la réserve de l'armée active ou dans l'armée territoriale, pourront être nommés au même grade dans les corps de sapeurs-pompiers, quelque soit l'effectif du corps.

Art. 19. — Dans chaque département il peut être nommé, par décret du Président de la République, un inspecteur du service des sapeurs-pompiers avec le grade de chef de bataillon, pris parmi les capitaines ou anciens capitaines de sapeurs-pompiers ayant au moins trois ans de grade ou parmi les officiers retraités de l'armée, ayant au moins le grade de capitaine.

Le Conseil général peut voter une subvention pour le remboursement des frais de l'inspection.

Plusieurs départements peuvent être réunis en une seule inspection par arrêté du ministre de l'intérieur.

Art. 20. — Un corps de musique peut être attaché aux corps de sapeurs-pompiers.

Les musiciens ne comptent pas dans l'effectif. Ils sont choisis par le chef de musique.

Leurs obligations sont déterminées par le règlement de service.

Les chefs de musique ont le rang de lieutenant, s'ils sont attachés à un bataillon, et de sous-lieutenant, s'ils sont attachés à une compagnie ou à une subdivision. Ils sont nommés par décret.

Art. 21. — Le Conseil d'administration, dont les attributions sont déterminées par les articles 10, 11, 12, 13 et 29 du présent règlement, est composé :

1° Pour les subdivisions :

De l'officier commandant, président ;

De l'autre officier, s'il y en a deux ;

Du sous-officier ou du plus ancien sous-officier ;

Et d'un sapeur-pompier désigné par ses collègues ;

2° Pour les compagnies :

Du chef de corps, président ;

Des deux officiers les plus anciens ;

Du plus ancien sous-officier ;

D'un caporal ou sapeur-pompier désigné par les caporaux et sapeurs-pompiers réunis.

Les désignations par élection prévues au présent article sont faites pour cinq ans, au scrutin secret et à la majorité absolue des suffrages exprimés. Au deuxième tour, qui a lieu le même jour, la pluralité des voix suffit. Il est procédé en même temps et dans les mêmes conditions à l'élection d'un suppléant appelé à remplacer le membre titulaire qui ne pourrait siéger.

Les Conseils d'administration ne peuvent délibérer que lorsque trois membres au moins assistent à la séance.

En cas de partage, le président a voix prépondérante.

Dans le cas où il est cité devant le Conseil d'administration, le sous-officier membre du Conseil est remplacé par le sous-officier qui vient après lui dans l'ordre d'ancienneté, et, dans les subdivisions de 14 à 25 hommes, par le caporal le plus ancien.

Dans le cas où la citation s'adresse à un membre élu, ce membre est remplacé par le suppléant.

L'arrêté ministériel qui autorise la création d'un bataillon règle la composition du conseil d'administration.

TITRE III

Règlement de service. — Commandement.

ART. 22. — Le service est réglé dans chaque commune par un arrêté municipal pris sur la proposition du chef de corps et soumis à l'approbation du préfet.

ART. 23. — Les commandants peuvent, en se conformant aux dispositions du règlement prévu ci-dessus, prendre toutes les mesures et donner tous les ordres relatifs au service ordinaire, aux revues, aux manœuvres et exercices. Ils doivent au préalable en aviser l'autorité municipale.

ART. 24. — Hors le cas d'incendie et les services d'escorte ou autres prévus au règlement aucun rassemblement de sapeurs-pompiers en uniforme, ne peut avoir lieu dans la commune sans l'autorisation préalable du sous-préfet.

Les réunions hors de la commune ne peuvent avoir lieu sans l'autorisation expresse du préfet.

L'autorisation du ministre de l'intérieur est nécessaire lorsque la réunion doit avoir lieu hors des limites du département.

ART. 25. — Tout homme faisant partie d'un corps de sapeurs-pompiers doit obéissance à ses supérieurs.

Les chefs de corps doivent obtempérer aux réquisitions du maire, du sous-préfet, du préfet ou de l'autorité militaire, qu'il s'agisse soit d'organiser un service d'ordre ou un service d'honneur, soit de porter secours en cas d'incendie ou autre sinistre dans les limites ou hors des limites de la commune.

ART. 26. — En cas d'incendie, la direction et l'organisation des secours appartiennent exclusivement à l'officiar commandant ou au sapeur-pompier le plus élevé en grade, ou le plus ancien en cas d'égalité de grade, qui donne seul des ordres aux travailleurs.

Toutefois, à égalité de grade, l'officier qui a

dirigé les premières opérations conserve le commandement.

L'autorité locale conserve ses droits pour le maintien de l'ordre pendant le sinistre.

Art. 27. — Dans les localités où les troupes, soit de l'armée de terre, soit de l'armée de mer, peuvent être appelées à concourir avec les corps de sapeurs-pompiers à l'un des services énoncés à l'article 1er, il n'est point dérogé par le présent décret aux prescriptions du décret sur le service dans les places de guerre et les villes ouvertes.

TITRE IV

Discipline.

Art. 28. — Les peines disciplinaires sont, pour les sous-officiers, caporaux et sapeurs:

1° La réprimande;

2° La mise à l'ordre;

3° Un service hors tour;

4° La privation totale ou partielle, pendant un certain temps, des immunités ou avantages accordés aux sapeurs-pompiers;

5° L'amende;

6° La privation du grade;

7° L'exclusion temporaire;

8° La radiation définitive des contrôles.

Art. 29. — Les trois premières peines sont

infligées par l'officier qui commande le corps. Les autres sont appliquées par le Conseil d'administration ;

ART. 30. — Le maximum de l'amende est déterminé par le règlement de service suivant l'importance de la solde, des gratifications ou des autres avantages accordés aux sapeurs-pompiers.

Elle est retenue sur ces soldes et gratifications et, à défaut, elle est recouvrée par les soins du commandant.

Le refus d'acquitter une amende imposée entraîne l'exclusion.

Le produit des amendes est versé dans la caisse de secours du corps.

ART. 31. — L'action disciplinaire des Conseils d'administration doit être précédée d'une citation à comparaître, contenant l'énoncé des faits relevés, adressée huit jours au moins à l'avance.

Ces Conseils ne peuvent prononcer aucune peine avant que l'intéressé ait été entendu ou régulièrement mis en demeure de fournir sa défense.

Les décisions prises sont inscrites sur un registre spécial, où il est fait mention des membres qui ont assisté à la séance.

ART. 32. — Si un officier néglige ses devoirs, commet une faute contre la discipline, ou tient une conduite qui compromet son caractère et porte atteinte à l'honneur du corps, le maire ou le chef de corps, par l'intermédiaire du maire, en réfère au préfet, qui prononce ou provoque l'application des mesures prévues au paragraphe 3 de l'article 5.

TITRE V

Uniforme. — Armement.

ART. 33. — L'uniforme des sapeurs-pompiers doit être conforme à l'un des modèles autorisés par le Ministre de l'Intérieur.

Les insignes des grades des officiers et sous-officiers sont en argent.

ART. 34. — Les communes sont responsables, sauf leurs recours contre les sapeurs-pompiers, des armes que le gouvernement peut les délivrer ; ces armes restent la propriété de l'État.

L'entretien de l'armement est à la charge du sapeur-pompier ; les réparations, en cas d'accident causé par le service, sont à la charge des communes.

En cas de dissolution d'un corps de sapeurs-pompiers, les armes qui lui sont confiés doivent être immédiatement réintégrées dans les arsenaux, par les soins de l'autorité militaire, et aux frais de la commune.

En cas de réintégration d'armes dans les magasins de l'État, les procès-verbaux constatant le montant des répartitions à la charge des communes sont dressés par les soins de l'autorité militaire et transmis au Ministre de l'Intérieur, qui les notifie aux communes et assure le recouvrement des sommes dont elles sont constituées débitrices.

ART. 35. — Les bataillons et les compagnies de plus de 100 hommes, armés de fusils, peuvent avoir un drapeau aux couleurs nationales avec bordure en franges d'argent et sans inscription autre que celle du nom de la commune.

Ce drapeau est porté par un officier ou par un adjudant ; il ne peut sortir que dans les prises d'armes autorisées et lorsque le chef de corps est présent.

Il est déposé à la mairie.

Il n'a pas droit aux honneurs militaires de la part des corps autres que les sapeurs-pompiers communaux.

Les subdivisions et les compagnies dont l'effectif est inférieur à 101 hommes n'ont qu'un fanion.

TITRE VI

Dépenses. — Secours et Pensions.

ART. 36. — Les dépenses prévues à l'article 3 pour les communes qui demandent l'autorisation de créer des corps de sapeurs-pompiers sont :

1° Les frais d'habillement et d'équipement des sous-officiers, caporaux et sapeurs-pompiers et les frais d'achat de tambours ou clairons ;

2° Le loyer, l'entretien, le chauffage, l'éclairage et le mobilier des postes ;

3° Le loyer du local où sont remisées les pompes, l'entretien des pompes et des accessoires ;

4° Les frais de registres, livrets, papiers, contrôle et tous les menus frais de bureau ;

5° Les réparations, l'entretien et le prix des armes détériorées ou détruites, sauf recours contre les sapeurs-pompiers, conformément à l'article 34 ;

6° Les frais de réintégration des armes, s'il y a lieu, dans les arsenaux de l'État ;

7° Les pensions et secours à la charge des communes.

Ces dépenses sont réglées par le maire sur mémoires visés par le chef de corps. Elles sont mandatées aux noms des créanciers réels et acquittées suivant les mêmes règles de comptabilité que les autres dépenses municipales.

Art. 37. — Dans les communes possédant un corps de sapeurs-pompiers, où il sera créé une caisse de secours et de retraites, cette caisse sera, ou constituée et administrée conformément aux articles 8 et 10 de la loi du 8 avril 1851, ou organisée sous forme de société de secours mutuels

approuvée, et sera alors régie par la loi du 1er avril 1898.

ART. 38. — Les ressources de cette caisse se composent :

1º De la portion de la subvention de l'État mise à la disposition de la commune ;

2º Des subventions du département ;

3º Des allocations votées par le Conseil municipal ;

4º Des cotisations des membres honoraires ou participants ;

5º Du produit des amendes prévues à l'article 28;

6º D'une part prélevée sur le produit des services rétribués (bals, concerts, théâtres) et dont l'importance est fixée par le règlement local ;

7º Du produit des dons et legs qu'elle peut être autorisée à recevoir ;

8º Des dons et souscriptions provenant des compagnies d'assurance contre l'incendie.

TITRE VII

Honneurs et Récompenses.

ART. 39. — Les officiers et gradés des corps de sapeurs-pompiers, revêtus de leur uniforme, ont droit de la part des militaires de l'armée active ou de ses réserves aux marques extérieures de respect prévues par les règlements.

Les sapeurs-pompiers de tous grades, lorsqu'ils sont en uniforme, doivent les mêmes marques de respect aux militaires des grades supérieurs au leur. A égalité de grade, ils saluent les premiers.

Le sapeur-pompier qui manque à ce devoir est traduit devant le Conseil d'administration.

Art. 40. — Les sapeurs-pompiers qui comptent trente années d'activité qui ont fait constamment preuve de dévouement dans le service peuvent recevoir du Ministre de l'Intérieur un diplôme d'honneur et une médaille d'argent.

Le temps passé sous les drapeaux compte dans le calcul de ces trente années.

La même récompense peut être accordée par décret du chef de l'État à tout sapeur-pompier, quelle que soit la durée de ses services, qui s'est particulièrement distingué.

En cas de condamnation criminelle ou correctionnelle, la médaille peut être retirée par décision du Président de la République.

Art. 41. — Les anciens officiers de sapeurs-pompiers qui comptent au moins vingt-cinq ans d'activité comme officier, sous-officier, caporal ou sapeur-pompier et ont fait constamment preuve de zèle et de dévouement peuvent être nommés, par décret du Président de la République, officiers honoraires, avec leur dernier grade ou le grade immédiatement supérieur.

Aucune condition de temps n'est exigée pour les officiers qui ont dû résigner leurs fonctions à la suite de blessures reçues ou de maladies contractées en service commandé.

L'honorariat confère le droit de porter dans les cérémonies publiques et dans les réunions de corps l'uniforme du grade concédé.

Art. 42. — Le décret du 29 décembre 1875 est et demeure abrogé.

Art. 43. — Le Président du Conseil, Ministre de l'Intérieur et des Cultes, et le Ministre de la Guerre sont chargés, chacun en ce qui le concerne, de l'exécution du présent décret, qui sera publié au *Journal officiel* et inséré au *Bulletin des lois*.

Fait à Paris, le 10 novembre 1903.

ÉMILE LOUBET.

Par le Président de la République :

Le Président du Conseil,
Ministre de l'Intérieur et des Cultes,

E. COMBES.

Le Ministre de la Guerre
Gal ANDRÉ.

MODÈLE DE RÈGLEMENT

DE

SERVICE INTÉRIEUR

COMMUNE DE . . . .

<small>SAPEURS-POMPIERS.</small>

Règlement relatif à l'Administration de la Compagnie (ou de la Subdivision) *aux services, anx manœuvres et aux incendies.*

Le Maire de la commune de . . . . .

Vu le décret du 10 novembre 1903, relatif à l'organisation et au service des Corps de Sapeurs-Pompiers.

Vu la délibération municipale en date du . . . . engageant la commune à subvenir pendant une période minimum de quinze années aux dépenses de la Compagnie (ou Subdivision) conformément à l'article 3 du décret du 10 novembre 1903.

Arrête :

Dispositions générales.

Article .— Le Corps de Sapeurs-Pompiers de la commune est spécialement chargé du service des secours contre les incendies.

Il peut être appelé, en cas de sinistre autre que l'incendie, à concourir à un service d'ordre ou de sauvetage et, exceptionnellement, à fournir des escortes dans les cérémonies publiques.

Art. .— Le service de Sapeur-Pompier est incompatible avec les fonctions de maire ou d'adjoint (*Art. 9 du décret du 10 novembre 1903*).

Art. .— Sont exclus du Corps de Sapeurs-Pompiers les individus privés par jugement de tout ou partie de leurs droits civils postérieurement à leur incorporation.

Art. .— Une société de membres honoraires pourra être annéxée à la Compagnie (*ou Subdivision*), mais les membres de cette société ne compteront pas dans l'effectif. — La cotisation est fixée à . . . .

Art. .— L'uniforme des Sapeurs-Pompiers, sera conforme au modèle autorisé par le ministre de l'intérieur et conformément à son arrêté du 1er janvier 1901.

ART.   . — Si la Compagnie (*ou Subdivision*) est armée, les Sapeurs-Pompiers sont responsables des armes qu'ils détiennent.

ART.   . — La Compagnie (*ou Subdivision*) est régie suivant le décret du 10 novembre 1903.

Recrutement.

Admissions — Engagements — Rengagements
Résiliations.

ART.   . — Les Sapeurs-Pompiers se recrutent au moyen d'engagements volontaires, parmi les Français âgés de 18 ans au moins, jouissant de leurs droits civils et n'ayant subi aucune condamnation, de nature à faire obstacle à la réception de l'engagement volontaire dans un corps de troupe de France. Si l'engagé a moins de 21 ans, il doit être pourvu du consentement de ses père, mère ou tuteur.

ART.   . — L'engagement du Sapeur-Pompier est suspendu chaque fois qu'il est appelé sous les drapeaux, pendant toute la durée de son service militaire effectif.

ART.   . — Pour être admis dans la Compagnie (*ou Subdivision*), il faut adresser une demande écrite au chef de corps ; l'admission est prononcée par le Conseil d'administration.

ART. . — Tout Sapeur-Pompier prend, au moment de son admission, l'engagement écrit de servir pendant cinq ans, et de se soumettre à toutes les obligations du présent règlement de service, tel qu'il sera arrêté en exécution de l'article . . ci-après.

ART. . — L'engagement de cinq ans est renouvelable. Le Conseil d'administration statue sur la demande de rengagement.

ART. . — Le Conseil d'administration statue sur les demandes de résiliation des engagements en cours.

Tout Sapeur-Pompier qui, à moins de force majeure romprait son engagement, devra payer les amendes qu'il aurait encourues (*Art.* . .) et de plus une amende de 20 francs, pour la rupture du dit engagement.

En cas de refus, il sera poursuivi par le maire devant le juge de paix du canton, et au nom de la commune.

ART. . — En outre, tout Sapeur-Pompier qui se retire avant l'expiration de son engagement, sans avoir obtenu sa libération anticipée conformément à l'art. , ou qui est rayé des contrôles par mesure disciplinaire, perd ses droits aux avantages pécuniaires auxquels il pouvait prétendre, (*réserve faite des droits à pension acquise s'il existe une caisse de retraites*).

Art.   . — Il sera établi un registre matricule sur lequel chaque engagé, par l'apposition de sa signature, contractera l'engagement formel de se conformer au dit règlement, ainsi qu'aux prescriptions du décret du 10 novembre 1903.

Conseil d'administration.

Art.   . — Un Conseil d'administration est institué pour traiter avec l'autorité municipale toutes les questions qui intéressent le service, faire connaître les besoins de la Compagnie (*ou Subdivision*), régler les dépenses, entretenir le matériel, accommoder les différents qui pourraient s'élever entre les Sapeurs-Pompiers, statuer sur les demandes d'admission, de rengagements ou de résiliation d'engagements, apprécier les motifs d'absences, infliger les peines disciplinaires, le tout en conformité des art. . . . . . . du présent règlement ; enfin donner son avis sur les modifications à apporter au règlement.

Art.   . — Le Conseil d'administration est composé comme suit :

Subdivision. — De l'officier commandant, président ; de l'autre officier s'il y en a deux ; du sous-officier ou du plus ancien sous-officier ; et d'un sapeur-pompier désigné par ses camarades :

Compagnie. — Du chef de corps, président ; de

deux officiers les plus anciens ; du plus ancien sous-officier ; d'un caporal ou d'un sapeur désigné par les caporaux et sapeurs réunis.

Les désignations par élection seront faites conformément à l'art. 21 du décret du 10 nov. 1903; il en sera de même pour les délibérations.

ART. . — Le Conseil se réunira aussi souvent que les besoins du service l'exigeront, et au moins deux fois par an (*juin et décembre*).

ART. . — Les décisions du Conseil d'administration portant rejet de demandes de rengagement formées par les sapeurs-pompiers ayant déjà servi pendant cinq ans en cette qualité, doivent être motivées et notifiées aux intéressés.

ART. . — L'action disciplinaire du Conseil d'administration devra être précédée d'une citation à comparaître contenant l'énoncé des faits relevés, adressée huit jours au moins à l'avance.

Ce Conseil ne pourra prononcer aucune peine avant que l'intéressé ait été entendu, ou régulièrement mis en demeure de fournir sa défense.

ART. . — Le Conseil d'administration pourra après les avoir entendus, prononcer la radiation du registre matricule, des Sapeurs-Pompiers dont l'esprit de trouble et d'insubordination aurait porté atteinte à l'honneur du corps.

Les autres peines que pourra infliger le Conseil sont la privation totale ou partielle pendant un certain temps, des immunités ou avantages accordés aux sapeurs pompiers ; l'amende ; la privation du grade ; l'exclusion temporaire.

Art.   . — Les amendes déterminées à l'art. . . . . . du présent règlement, sont retenues sur les soldes et gratifications, et à défaut, recouvrée par les soins du commandant. — Elles seront versées dans la caisse de secours du corps. (*S'il en existe une. A défaut indiquer l'emploi*). — Le refus d'acquitter une amende entraine l'exclusion définitive.

Art.   . — (*Indiquer la liste des amendes*).

Art.   . — Les réunions du Conseil auront lieu à la Mairie, ou à la caserne du corps. Les Membres du Conseil seront convoqués par écrit, sur l'ordre du président, par le sergent-major (ou le fourrier) qui remplit les fonctions de secrétaire.

Art.   . — Les décisions prises sont inscrites sur un registre spécial, où il est fait mention des membres qui ont assisté à la séance, qui devront signer les procès-verbaux et y faire notifier leurs observations s'il y a lieu.

Effectif. — Organisation.

Art.   . — Les Sapeurs-Pompiers de la commune forment une subdivision de Compagnie, ou une Compagnie.

Le cadre du corps est réglé de la manière indiquée part l'art. 17 du décret du 10 nov. 1903, (*en faire la désignation*).

ART. . — Les officiers titulaires d'un grade dans la réserve de l'armée active ou dans l'armée territoriale pourront être nommés au même grade dans le corps de Sapeurs-Pompiers, quel que soit l'effectif du corps, à la condition toutefois qu'une place d'officier soit vacante.

ART. . — Un corps de musique peut être attaché à la Compagnie (*ou Subdivision*). Les musiciens ne comptent pas dans l'effectif. Ils sont choisis par le chef de musique qui est nommé par décret.

ART. . — En entrant au corps, les Membres de la Compagnie (*ou Subdivision*) recevront leurs effets d'habillement et d'équipement, qu'ils devront entretenir constamment en bon état de propreté. Ils seront tenus de les rendre lors de leur démission ou de leur radiation, à peine par eux d'encourir les poursuites au nom de la commune, envers laquelle ils sont responsables.

ART. . — Un Sapeur pris dans la Compagnie (*ou Subdivision*) sera spécialement chargé du graissage des tuyaux et de l'entretien du matériel, moyennant une somme de . . . . . qui lui sera annuellement votée à cet effet, comme rétribution.

ART. . — Hors d'un service commandé, tout sapeur qui fera usage de ses effets d'habillement et d'équipement sans autorisation du chef de corps, est passible d'une punition dont l'importance sera établie par le Conseil d'administration.

ART. . — Immédiatement après chaque incendie ou manœuvre à eau, le chef de corps exigera la mise en état des pompes ou de tout autre partie du matériel.

Il devra en outre, adresser un rapport à M. le Maire, sur l'importance du sinistre et relater, suivant le cas, le dévouement du personnel de la Compagnie (*ou Subdivision*) dans les 48 heures qui suivront.

ART. . — Les heures de réunion seront établies par l'horloge de la commune.

ART. . — (*Voir le deuxième paragraphe du Nota qui suit le règlement*).

ART. . — Tout sapeur manquant à un service ou à un sinistre, devra légitimer son absence.

ART . — Pour toute insubordination, insulte ou refus d'obéissance par geste ou menace, provenant d'un membre de la Compagnie (*ou Subdivision*), celui-ci sera déféré devant le Conseil de discipline qui statuera sur la pénalité à appliquer à l'indiscipliné, et en observant l'art. . . . . du présent réglement.

ART.   . — Quand la Compagnie (*ou Subdivision*) sera réunie, deux appels seront faits : le premier à l'heure fixée pour le rassemblement, le second avant de rompre les rangs.

ART.   . — Aucun homme, quel que soit son grade, ne peut quitter son rang ou son poste pendant la durée du service, sans y être autorisé par l'officier commandant ou l'officier de section.

ART.   . — Les demandes ou réclamations individuelles sont seules permises. Celles qui seraient faites collectivement, seront considérées comme insubordination et rendraient leurs auteurs passibles du Conseil de discipline. En outre, toute réclamation devra suivre la voie hiérarchique.

ART.   . — Lors d'un incendie ou d'un sinistre quelconque, l'alarme sera donnée par le clairon, le tambour ou tout autre moyen !

ART.   . — Sur la réquisition des Sapeurs-Pompiers ou de personnes investies d'une autorité municipale, le tocsin sera sonné par la cloche de l'église, lors de l'incendie.

(Indiquer le nombre de coups, suivant la direction).

Art.   . — L'officier commandant et les sous-officiers possèdent une clef du magasin des pompes. Le maire de la commune en est aussi muni.

Art.   . — Dans aucun cas, il ne pourra être pris tout ou partie du matériel pour porter secours contre l'incendie au-delà des limites de la commune sans l'autorisation du Maire.

Honneurs et Récompenses. — Avantages. Secours et Pensions.

Art.   . — Conformément à l'art. 39 du décret du 10 novembre 1903, les officiers et sous-officiers de Sapeurs-Pompiers ont droit de la part des militaires de l'armée active ou de ses réserves, aux marques extérieures de respect prévues par les règlements. Il doit y avoir complète réciprocité de la part des Sapeurs-Pompiers, et à égalité de grade, ce sont eux qui saluent les premiers.

Le Sapeur-Pompier qui manquera à ce devoir sera traduit devant le Conseil de discipline.

Art.   . — Le Sapeur-Pompier peut prétendre aux récompenses honorifiques, décernées par le Président de la République, sur la proposition du Ministre de l'Intérieur, pour traits de courage et de dévouement.

Ces récompenses sont les suivantes : la lettre de

félicitation ; la mention honorable ; les médailles de bronze, d'argent de 2ᵉ et de 1ʳᵉ classe ; la médaille de vermeil et la médaille d'or.

Les médailles seront suspendues par un ruban tricolore.

ART.   . — Les Sapeurs-Pompiers qui compteront trente années d'activité et qui auront constamment fait preuve de dévouement dans le service, recevront du Ministre de l'Intérieur, un diplôme d'honneur et une médaille d'argent.

ART.   . — Les Sapeurs-Pompiers de la commune sont dispensés de fournir le logement militaire.

ART.   . — Le Conseil municipal accorde aux Sapeurs-Pompiers la remise totale (*ou partielle*) des prestations dont ils sont passibles. En outre, il leur sera alloué une indemnité.

ART.   . — En vertu de la loi du 7 avril 1902, les Sapeurs-Pompiers inscrits sur les contrôles de la Compagnie (*ou Subdivision*) depuis cinq ans seront dispensés de leur période d'exercice militaire de neuf jours.

ART.   . — *(Indiquer ici quelles soldes touchent les Sapeurs-Pompiers pour les services des revues, gardes, incendies, etc., etc.).*

ART.   . — *(Indiquer ici, si une caisse de secours est créée, et quels en sont les avantages.*

Nota. — Le présent règlement a été écrit en observant le service général des Sapeurs-Pompiers. Il appartient à MM. les Officiers de changer les phrases ou articles qui ne pourraient s'accommoder avec les usages ou les coutumes de leur commune. Il serait en outre nécessaire, que le décret du 10 novembre 1903 soit entre les mains de l'officier commandant et affiché dans la salle de la Mairie ou du Conseil d'administration, ou encore dans la remise de la pompe (1).

---

(1) Nous n'avons pas indiqué les jours et heures des manœuvres mensuelles, revues, prises d'armes, tir, services d'enterrement, fête du corps, etc. Mais à part les deux dernières, les autres réunions peuvent être indiquées ainsi :

Chaque mois, le 1er dimanche, il y aura manœuvre de pompes, d'infanterie, tir ou revue.

La fête de la Compagnie (ou subdivision) a lieu le

Lors d'un décès parmi les Sapeurs-Pompiers, le Corps ou une délégation assiste aux obsèques.

Numéroter les articles après avoir ajouté ou retranché selon les besoins de la Compagnie ou de la Subdivision.

MODÈLE

SOCIÉTÉ DE TIR

des Sapeurs-Pompiers d'....................

STATUTS

Article premier. — Sous le titre de Société de tir des Sapeurs-Pompiers d'.........:..., il est formé, entre les personnes ci-dessous indiquées, une association ayant pour but d'organiser, propager et vulgariser l'étude théorique et pratique du tir.

Art. 2. — La Société se compose de :

1° Membres fondateurs ; 2° Membres titulaires ; 3° Membres d'honneur.

Art. 3. — Les Membres fondateurs et les membres titulaires sont admis par le Comité de la Société, sur demande écrite, présentée et signée par un Sociétaire adressée au président. Cette demande d'admission constitue acceptation des conditions imposées par les présents statuts et par les règlements.

Art. 4. — Seront nommés Membres d'honneur, ceux auxquels la Société voudra conférer un titre, soit pour services rendus, soit pour toute autre cause. Ces nominations seront faites en séance du Comité.

Art. 5. — La cotisation est annuellement de.......... pour les Membres titulaires.

Les Membres fondateurs, dont le nombre est illimité, verseront en outre une entrée de.......... destinée à constituer un fonds de caisse.

Art. 6. — La Société sera administrée par un Comité de direction composé de sept membres, savoir :

Un Président de droit : le commandant du corps, un Vice-Président, un Secrétaire, un Trésorier et trois Commissaires.

Art. 7. — Les membres du Comité seront élus en assemblée générale pour trois ans et renouvelables par tiers, les deux premiers tiers tirés au sort.

Art. 8. — Le Comité ne pourra délibérer qu'autant que la moitié de ses membres sera présent.

Les décisions seront prises à la majorité des suffrages. En cas de partage, la voix du Président est prépondérante.

Art. 9. — Le Comité a pouvoir d'autoriser tous actes et toutes dépenses utiles au bon fonctionnement de la Société. Il établit le règlement de tir et arrête l'organisation et la tenue des exercices.

Art 10. — Le Président est le représentant officiel de la Société ; il dirige les séances, signe tous les écrits passés au nom de la Société, vise les mandats à payer, à encaisser, etc.

Art. 11. — Le Vice-Président remplace le Président en cas d'absence ou de démission et le seconde dans ses fonctions.

Art. 12. — Le Secrétaire est chargé de la correspondance, des convocations, etc. ; il rédige les procès-verbaux et a la garde des archives.

Art. 13. — Le Trésorier est chargé de la comptabilité, recouvrement des cotisations, paiement des dépenses, etc.; son livre de caisse constamment à jour sera contrôlé et visé tous les trois mois par le Président.

Art. 14. — Le Comité se réunira sur convocation du Président transmise par le Secrétaire ou sur demande de la majorité de ses membres.

Art. 15. — Une assemblée générale a lieu une fois par an, au moins.

Les sociétaires peuvent être convoqués, en dehors des époques indiquées ci-dessus, en assemblée générale extraordinaire sur convocation du Président, d'accord avec la majorité du Comité, ou sur réclamation du tiers des membres fondateurs et titulaires inscrits.

Art. 16. — Tous les ans, dans l'assemblée générale ordinaire, il sera procédé au renouvellement des membres du Comité. Les nominations se feront au scrutin secret à la majorité des membres présents. Les membres du Comité sont rééligibles.

Art. 17. — Le Comité devra présenter à cette Assemblée, un rapport sur la situation de la Société de Tir et sur son fonctionnement pendant l'année écoulée.

Art. 18. — Les démissions seront adressées au Président, par écrit. Les Membres démissionnaires sont tenus d'acquitter leur cotisation pour l'année courante et les cotisations en retard.

Art. 19. — Le Comité aura le devoir de prononcer la radiation d'office de tout Membre qui, par sa conduite, aurait porté atteinte à la considération de la Société. Sera également rayé de la liste des Sociétaires tout Membre qui serait en retard de plus d'un an pour sa cotisation.

Art. 20. — Tout Sociétaire exclu ou rayé des contrôles du Corps perd, de ce fait, tous droits aux avantages et à l'actif de la Société.

Art. 21. — La dissolution de la Société ne pourra être mise, en délibération que sur

la demande écrite de la moitié au moins des
Membres inscrits, adressée au Président un
mois avant une Assemblée générale ordinaire
ou extraordinaire. Elle ne pourra faire
l'objet d'un scrutin secret ; elle sera au
contraire, votée sur appel nominal et prononcée seulement en cas d'une majorité
réunissant les trois quarts des Sociétaires
inscrits.

Art. 22. — L'Assemblée qui prononcera
la dissolution de la Société, nommera dans
la même séance une Commission chargée de
la liquidation. Cette Commission, après,
avoir arrêté et réglé tous les comptes
proposera dans une Assemblée ultérieure,
convoquée par elle, l'emploi des fonds
disponibles.

Art. 23. — Les Sociétaires sont toujours
pécuniairement responsables de la dégrada-
tion des armes et du matériel de la Société,
lorsque les dégradations proviendront de
leur faute ou de leur négligence.

Art. 24. — Les fonds provenant des cotisations, des dons et des bénéfices réalisés par la Société, seront destinés à l'achat et à l'entretien du matériel ; ils pourront être aussi employés, suivant décision du Comité à l'achat de prix pour le concours.

Art. 25. — Les présents Statuts pourront être révisés dans une Assemblée générale réunissant au moins le tiers des Sociétaires.

A. GRAU, Succr de PITEUX Fr., Amiens.

www.ingramcontent.com/pod-product-compliance
Lightning Source LLC
Chambersburg PA
CBHW071349200326
41520CB00013B/3164